新 心が元気になる本

家族にムカムカ、どうして？
～家族・性・恋愛の悩み～

監修／伊藤美奈子

あかね書房

はじめに

年ごろになると、さまざまなことが気になるようになります。

今まで大好きだったはずの**両親をうとましい**と感じてしまったり、
家族の中での自分の立場について、気にしてしまったり。
身近な存在であるからこそ家族関係に関する悩みは、
どう解決したらよいか、わからないことも多いでしょう。

また、**異性や恋愛について意識**し始めるようになります。
異性に対し、幼いころには気にならなかったことが、急に気になり、
うまく異性とつき合えなくなる人もいるでしょう。

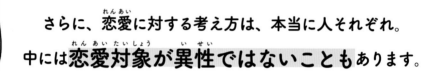

さらに、恋愛に対する考え方は、本当に人それぞれ。
中には**恋愛対象が異性ではない**こともあります。

でも、恋愛や性に関する悩みは、人に相談することをためらって、
自分の中におしこめてしまう人もいるでしょう。
家族関係や、恋愛・性について悩んでいるのは、君だけではありません。
大人へと成長していく中で、**いろんなことに疑問をもったり、
悩んだりして学んでいくもの**です。

この本の主人公たちも、成長の途中です。
さまざまな悩みにぶつかって、もがき苦しみながらも、
ひとつずつ乗りこえていき、大人へと近づいていきます。

この本が、君の心が楽になるためのヒントになればいいですね。

この本の登場人物

小学6年生

アオト

心やさしく、周囲に気づかいができる。気が弱く、勇気を出して行動できないことも。

イブキ

明るくて、周りを笑わせることが好きなお調子者。臆病で心配性な一面もある。

スミレ

甘えん坊で、家族のことが大好き。人なつっこい性格だけど、思いこみが激しいところも。

中学2年生

リン

テニス部に入っていて、いつも元気いっぱい。人に合わせて行動したいタイプ。

カノン

心やさしい性格。そのために自分の気持ちをおし殺してしまうことがある。恋バナが好き。

ソウスケ

学校では、明るくてクラスの人気者。家庭の中では、少しおとなしい一面も。

アイリ

しっかり者で、周りからもよくたよられている。でも、自分自身のことには、自信をもてない。

も　く　じ

この本の読み進め方

お悩み発生！

登場人物たちが、日常で悩んだり困ったりしそうなできごとに直面するよ。

登場人物といっしょに考えよう

お悩みに直面した後の行動の選択肢だよ。主人公の気持ちになって考えてみよう。

それぞれの選択肢について、ほかの登場人物たちが話し合うよ。君は、どの子に考えが近いかな？

登場人物はどんな結果をむかえたかな？

主人公が、どの選択肢を選んだかを紹介するよ。必ずしもハッピーエンドをむかえているわけではないんだ。

お悩みについて、もっと考えるための質問。似た状況におちいったときに困らないように、よく考えてみよう。

お悩みは人の数だけあるから、状況や相手の反応などによっても変わってくるよ。ここでは、主人公のお悩みと似ている例を紹介。

コラムで理解を深めよう！

お悩み内容の理解を深めるコラムのほか、実際に書いたり診断したりするページもあるから、チャレンジしてね。

いってきまーす

パターン

また2人とも
けんかしてる……

→p.42お父さんとお母さんがけんかを
していて、どうしたらいいかわからない

あっ……

コッ
コッ

→p.36近所に目の
不自由な人が
いて気になる

たっ
たっ

→p.39下校中、
知らない人に
声をかけられた

アオトくん
おはよう！

あ、おはよう

聞いて、
またお母さんに
おこられちゃった

お姉ちゃんには
おこらないのに
わたしにばっかり
おこるんだよね

そうなんだ

→p.13お母さんは、
わたしより
お姉ちゃんのことが
好きみたい

6

授業中（じゅぎょうちゅう）

ごさ〜

やめろよー

こら！　イブキ！
授業中（じゅぎょうちゅう）は静（しず）かにしろ！

ビ！

ワッ

は、はいっ……！

→p.17こわい先生と
うまくつき合えない

はぁ……
おこられちゃった

あれ……
よごれた
ままだ

ドロ…

→p.44友だちが
親（おや）に暴力（ぼうりょく）をふるわれ
ているみたい

中学校

→p.8親（おや）に
反抗（はんこう）したくなる

ふぅ

→p.24友だちと
同（おな）じ人を好（す）きに
なっちゃった！

ねー
聞いた？
男子と女子バレー部の
部長どうしが
つき合ってるんだってー！

へぇー！

そう
なんだー！

→p.20早く
恋愛（れんあい）しなきゃ！

ワイ
ワイ

→p.30女友だちから
「女の子が好き」と
相談（そうだん）された

親に反抗したくなる

 **考えよう！**

特に理由はないのに、母親にイライラしてどなってしまったソウスケ。さすがに言いすぎたと反省しているけど、どうすればよかった？

① 気持ちが 落ちついたらあやまる

カノン

自分が悪いって思っているなら、あやまったほうがすっきりするんじゃない？

でも、あやまりたくても、あやまれないときってない？　相手は親なんだから、いちいちあやまらなくてもわかってくれる気がするし。

アイリ

カノン

言われたほうは、いやな気持ちのままなんじゃないかな。自分がなにか悪いことをしたのかなって悩んでいるかも。

それはあるかも。冷静になってから「さっきは言いすぎた」って伝えるとよさそうだね。

アイリ

② 話しかけたくないから あやまらない

イブキ

うーん。こういうときって、親と話すこと自体がいやなんだよなあ。こっちから話しかけると、いろいろ聞かれたりするし。

うんうん。勇気を出して話しかけたり、あやまったりしたのに、全然関係ないことを言われることもある。

アイリ

イブキ

いちいちあやまらなくてもいいんじゃない？　時間が経って落ちついたら、自然に話せるときもあるし……。

それもひとつの手かも。でも、相手があからさまにおこっているときは、あやまったほうがよさそうだね。

アイリ

③ なんであんな態度をとってしまったのかを考える

カノン

わたしもこういう気分のときがあるんだけど、なんでイライラしちゃうんだろう？

↓

それは、イライラすることを言われたからじゃない？

スミレ

↗

カノン

そうじゃないときも、イライラしちゃうことってあるよ。親のことは好きなのに……。自分がおかしいのかなって考えちゃう。

↓

ふーん、そうなんだ。そういえば、いとこが中学生のときも、おばさんへの態度が悪かったなあ。大人にイライラする時期ってことなのかな？

スミレ

どうして
あんな言い方を
してしまったんだろう。

ソウスケさんのとった行動は？

③ なんであんな態度を とってしまったのかを考える

自分の部屋で、ソウスケは考えこんでいた。
（なんで、母さんにあんな言い方しちゃったんだろう？
いやなことを聞かれたわけでもないのに……）
母親のちょっと困ったような、
悲しそうな顔が脳裏にうかぶ。
考えてもわからないまま廊下へ出ると、
たまたま風呂上がりの父親がいた。

父　　　「おう、ソウスケ。元気がなさそうだな」
ソウスケ「うん……」
ソウスケは父親に自分の気持ちを打ち明けた。
すると、返ってきたのは意外な言葉だった。

父　　　「そういう時期、父さんにもあったよ。
　　　　　だれもが通る道さ」

ソウスケさんの中でゆれ動く 正反対な気持ち

　自分が悪いと思っているのに、あやまりたくてもあやまれない。家族がきらいなわけではないのに、きつい言い方をしたり、いやな態度をとってしまったりする。そういう経験はありませんか。

　自分の心の中に、相手を大切に思う気持ちと反抗したい気持ちという、正反対の気持ちが同時にあって、苦しくなるときがあります。そういう状態になったとき、「わたしって変なのかな？」と自分を責めないでください。君が悪いわけではないのです。まずは落ちついて考えてみましょう。

▶ p.12 を見てみよう！

反抗したい気持ち

いつも通り接している親に対し、「ほっといて！」「いちいちかまわないで！」のように思う気持ち。

申し訳ないと思う 気持ち

親にいやなことを言ったり、いやな態度をとったりしたあとで、「さっきのは自分が悪かった」と思う気持ち。

10

イライラしてしまったことに気づくのが大切

「親と話していると、なんかイライラする」、「理由はないけど、親ってなんかムカつく」のように思ったままだと、親への反抗的な態度はどんどん強くなり、関係が悪くなってしまいます。「相手は悪くないのにイライラして、態度に出しちゃった」と自分で気づけたら、それは自分の心を冷静に見つめられている証拠。それができていれば、自分の行動を変えることができます。

お母さんに
つらく
当たっちゃった。

自分で気づけると次の行動にうつせる

反抗的な態度をとってしまったあとでも、気持ちが落ちついてきたら親と話してみましょう。あやまれそうだったら、いやな態度をとったことをあやまり、きらいだからそういう態度をとったわけではないことを伝えましょう。ふつうの会話をするだけでもいいですよ。思春期には、一時的にカッとなって親に反抗したくなることがあります。親自身も体験したことがあるかもしれません。「反抗期（→ p.12）」について親子で話してみるのもいいですね。

君ならどうする？

親に対してイライラしたことはある？

君がソウスケさんだったらどうしていた？

まとめ

親にいやな態度をとってしまうのは、親が悪いわけでも、君が悪いわけでもない。
成長の過程であることだから、まずは落ちついて、自分の心の状態を冷静に考えてみよう。

わたしたちの成長に重要な「反抗期」

反抗期とは、子どもが親などの言うことを聞かずに反抗的な態度をしめす時期のこと。
将来、自立して生きていくために必要な時期なのです。

2回おとずれる反抗期

反抗期は2回あり、2、3歳ごろの幼児期に始まるのが第一反抗期、小学校高学年からの思春期に始まるのが第二反抗期と呼ばれています。第一反抗期はなんでも自分でやってみたくなり、親の言うことを聞かなくなります。第二反抗期は、親以外の多くの人とかかわったり、学んだりする機会を通して自我が育ち、物事を自分なりに考えて見極めようとするため、親に従いたくなくなるのです。

第一反抗期
（2、3歳ごろ）

・なんでも自分でしたがる。
・なにを言っても「いや！」と言って泣き出す。
・「もっと遊びたい！」など、自分の考えを通そうとする。

第二反抗期
（小学校高学年〜）

・親が声をかけると口ごたえする。
・口調があらくなる。
・イライラしてものに当たる。
・だまりこんで部屋にこもる。

「心」も「体」も大人に近づく思春期

思春期とは、第二次性徴が現れる時期。「性徴」とは性別のちがいによる特徴のこと。生まれたときにわかる男女のちがいを第一次性徴といいますが、思春期になると生殖器以外の部分にも男女差がみられるようになります。体が変化し始めるこの時期は、とまどいも多く、ストレスをかかえてしまう人もいるでしょう。また、心も成長段階なので、思い悩んでしまうかもしれません。でも、思春期はみんなにおとずれるもの。健康に成長している証だと思って受け入れていきましょう。また第二次性徴が現れる時期や、現れ方にも個人差があります。

第二次性徴の体の変化

男の子

・のどぼとけが出て、声変わりする。
・体毛が濃くなり、筋肉や骨格が発達する。
・性器が大きくなり、精通が起こる。

女の子

・体がふっくらしてくる。
・胸が大きくなる。
・生理が始まる。

お悩み 2 お母さんは、わたしよりお姉ちゃんのことが好きみたい

ただいま

まあ！
お姉ちゃん、小テストがクラスで3位だったの？すごいじゃない

うん！

たしかにお姉ちゃんは明るくて勉強もできて優秀だよね……

あら
スミレ　おかえり　宿題早くやるのよ

はーい

あっ、好きなテレビ番組始まっちゃう！

わたしもー……

スミレは宿題が終わってから！

え〜

おやつだー！

スミレ、手は洗ったの？

どうしてわたしにばっかりおこるの？

お姉ちゃんにはそんな言い方しないのに……

モヤ

モヤ…

お母さんはわたしよりお姉ちゃんのほうが好きなんだ……

わたしもお母さんの娘なのに……

13

 **考えよう！**

お姉ちゃんはほめられるのに、スミレはおこられてばっかり。お母さんはお姉ちゃんのほうが好きなんだと思ってしまったスミレ。どうしたらいい？

① お姉ちゃんと話してみる

 リン
本当にお母さんはお姉ちゃんのことをほめてばっかりなのかな？　お姉ちゃんはどう思っているんだろう？

 アオト
案外、お姉ちゃんのほうは、妹ばっかりかわいがられてるって思っていたりして……。

 リン
そういうこともあるよね。お姉ちゃんはどう思っているか、聞いてみたらいいんじゃないかな？

 アオト
自分の気持ちも大切だけど、人の意見を聞いて考えてみるっていうのも必要かもね。

② お母さんに文句を言う

 イブキ
ぼくだったら、その場でお母さんに文句を言っちゃうな。「えこひいきするなよ」って。

 ソウスケ
お母さんは、えこひいきをしてるつもりはないのかもしれないよ。

 イブキ
でも、自分がそう感じたんなら、その気持ちをはっきり伝えたほうがわかりやすいんじゃない？

 ソウスケ
そっか。言われたほうも、そう感じさせてしまったんだって思って、次は気をつけてくれるかもね。

③ 腹が立つから、ふてくされた態度をとる

 カノン
わたしだったらそういうとき、なんにも言わないかもなあ。

↓

がまんするの？　ストレスがたまらない？

 ソウスケ

↗

 カノン
イラっとして、なんにも言いたくなくなるんだよね。でも、態度には出ちゃうから、ふてくされてしまう。

↓

 ソウスケ
ああ、その気持ち、なんとなくわかる気がする。わかってほしいんだけど、うまく説明できないとき、オレもそうしているかも。

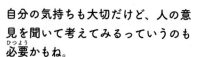

スミレさんのとった行動は?

 お姉ちゃんと話してみる

姉と2人のとき、スミレは思い切って言ってみた。

スミレ 「お母さんてさ、わたしにだけいつもいじ
　　　　わるじゃない?　わたしのこと、きらいな
　　　　のかな?」

スミレの真剣（しんけん）な顔を見て、
姉のアイリは目を丸くした。

アイリ 「そんなこと思ってたの?　わたしは
　　　　お母さんって、いつもスミレのこと
　　　　ばっかり気にしてるって思ってたよ」

スミレ 「ほんと?」

アイリ 「スミレのこと、心配なだけじゃない?
　　　　わたしだってしょっちゅうおこられて
　　　　るよ」

アイリと話して、スミレは自分の考えが
たんなる思いこみだと知ったのだった。

だれか別（べつ）の人と話すと一歩引いて考えられる

　自分だけで考えていると、同じ考えがぐるぐるとめぐってしまいがちです。そういうときは、だれかに話を聞いてもらうと、別（べつ）の見方に気づき、考えを変（か）えられることがあります。

　また、「いつもしかられている」＝「きらわれている」と思うのは、せまい考え方かもしれません。はなれた立場から考えてみると、新たに気づけることもあるので、悩（なや）んだときはほかの人の意見を聞いてみるといいでしょう。

いつもほめられているように見えた
アイリさんの気持ち

わたしだって、お母さんにおこられていないわけじゃない。スミレが小さいときは、「お姉ちゃんなんだからちゃんとしなさい!」ってずっと言われてたし……。

直接話せるなら話してみてもいい

この場合、お母さんはスミレさんの気持ちに気づいていないかもしれません。もし、スミレさんがお母さんに気持ちを伝えられそうだったら、直接話してみるといいでしょう。そういうときは、できるだけ感情的にならないように注意してください。感情的にうったえると、相手も感情的になり、けんかになってしまいます。落ちついた感じで話してみると、思いが相手に伝わりやすくなりますよ。

親があきらかに差別していると感じるときは

スミレさんのような思いこみではなく、親からはっきりと差別されているという場合もあるかもしれません。親が自分のことだけ完全に無視している、ご飯を用意してくれない、などということがあったら、命にかかわってしまいます。

そういうときは、自分でなんとかしようとしても解決するのが難しいので、親以外の家族や、学校の先生、スクールカウンセラー、児童相談所の人など、信用できる大人に相談しましょう。ひとりでがまんする必要はありません。

▶ 電話相談の案内はp.45 へ

例

ご飯を
用意してくれない

完全に無視
されている

着がえの
用意がない

体調が悪くても
病院へ連れていって
くれない

君ならどうする？

親の対応がほかの兄弟とちがうと思ったことがある？

君がスミレさんなら、どうしていた？

君がアイリさんなら、どうしていた？

まとめ

親との関係で悩んでいるときは、少しはなれた立場にいる人に話し、意見を聞いてみよう。
命にかかわるような差別をされているときは、がまんしないで信用できる大人に相談しよう。

お悩み 3 こわい先生とうまくつき合えない

山田先生　「今日の日直は？」

英語の教科担任の山田先生が教室を見回す。

イブキは、こわごわ手を挙げた。

山田先生　「全員のプリントを集めて、
　　　　　　職員室へ持ってくるように」

そう言い残して、先生は教室をあとにした。

イブキは長いため息をつく。

進級早々、イブキは山田先生の
授業中にふざけてしまった。

そのとき、こっぴどくしかられたせいで、

山田先生のことがこわくなってしまったのだ。

先生のそばへ行くと、体がこわばり、

声がふるえてしまう。

（あーあ、あの先生のところへ行くなんてユウウ
ツ……。行きたくないなあ……）

 考えよう！　一度しかられたせいで、山田先生のことがすっかり苦手になって
しまったイブキ。どうしたらいい？

①  がまんして持っていく　　仕事をたのまれたんだから、しかたないよ
ね。がまんして持っていくしかないんじゃな
いかな？

アイリ

② だれかにたのむ　同じクラスの友だちにたのんでみたら？
プリントはだれが持っていっても同じだと
思うよ。

 ソウスケ

③  先生がいないすきに
机に置いておく　　職員室の様子をうかがって、その先生がい
ないすきに机の上に置いてきちゃったらい
いんじゃない？

カノン

イブキさんのとった行動は？

① がまんして持っていく

（ぼくがたのまれたんだから、
持っていかないといけないよな）
イブキは勇気を出して、
プリントを手に職員室へと向かった。
山田先生は席に座ってもくもくとなにかを
書いているが、あいかわらず表情がこわい。
イブキ 「先生、こ、これ。
　　　　あ、あの、プリント……」
先生がプリントを受けとらないうちに、
イブキがその場を去ろうとしたせいで、
プリントが床に散らばってしまった。
イブキ 「わっ、すみませんっ！」
あわてて拾おうとすると、それより先に先生の
手が伸びて、プリントを拾い集めてくれた。
そして「集めてきてくれて、ありがとう」と
イブキに向かって笑いかけた。
（……山田先生も、笑顔で話すんだ）

苦手な人こそいいところを探そう

　苦手だと思う気持ちを変えるのはなかなかたいへんです。でも、変えられないわけではありません。まずは、相手のことをよく観察してみましょう。最初はマイナスの面だけに注目してしまうかもしれませんが、いいところもあるはずです。意識していいところを探しているうちに、苦手意識が少なくなり、ふつうに接することができるようになる場合もありますよ。

観察してみよう

・どんなときに相手はおこっているのかな？

・本当に毎日おこっている？

・笑っているときはないのかな？

自分の頭の中だけで考えすぎないことも大事

　一度、「こわい!」とか「苦手!」と思うことがあると、相手に対するその印象が、自分の中でどんどん強くなってしまいがちです。そうなると、本人と接することをさけてしまうので、いいところを発見したり、心を通わせたりする機会がなく、悪いイメージだけが頭の中でふくらんでしまいます。

　相手のことを勝手にこうだと決めつけてしまうこともあるので、注意しましょう。

悪い想像だけがふくらんでしまう

ほかの人と話すと視点が変わることも

　同じクラスの友だちやほかの先生などに、自分が苦手な先生についてどう思っているか、聞いてみてもいいでしょう。
「あの先生、言い方はぶっきらぼうだけど、実はやさしいよ」「おこるときはおこるけど、がんばりは認めてくれる」など、自分とはちがう意見が出てくるかもしれません。そういう意見を聞いているうちに、今までとは別の視点で考えられるようになります。

君ならどうする?

苦手な人に対して、どんな態度をとっていた?

- -

苦手だと思っていた人と、あとで仲よくなったことはある?

- -

君がイブキさんだったら、どうしていた?

まとめ

苦手な人と話すときは、はなれたところからその人を観察したり、ほかの人の意見を聞いたりして、自分の中の悪い思いこみにとらわれすぎないようにしよう。

早く恋愛しなきゃ！

うちの部活の先輩がね、最近彼氏ができたみたいなの

へぇーー！

あれ
アイリ

今日委員会の仕事だろ

あっ
ごめん！
もうこんな
時間だった！

早く
やっちゃおうぜ

じゃあね
リン

あの2人
仲がいいよね
そのうち、
つき合っちゃったり
するのかなぁ

ほかにもクラスで
最近彼氏ができた子が
いたよね

なんだか
そういう子たちって
一歩進んでいる気がする

わたしって
おくれて
いるのかなぁ

最近話す話題も
恋バナが
増えてきたし

早く恋愛しないと
みんなの話に
ついていけなく
なっちゃうのかも……

不安…

考えよう！

好きな人がいないから、みんなの恋愛話についていけなくなるとあせったリン。どうしたらいい？

① アイリに「まだ彼氏をつくらないで」と言う

カノン

仲がいい友だちに彼氏ができちゃったら、さみしいよね。今までいっしょに帰っていたのに、彼氏と帰るようになるんだろうな。

友だちにとってはうれしいことだから、本当はいっしょに喜んであげたいけど……。急にとり残されたような気になるよね。

スミレ

カノン

「まだ彼氏つくらないで」って言ったら、どうなると思う？

気持ちはわかるけど、相手の男の子と本気でつき合いたいと思っていたら、友だちが苦しんでしまうんじゃないかな。

スミレ

② あせらず自分をみがく

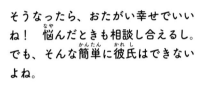
カノン

自分にも好きな人ができて、その人が彼氏になったらいいのに。そうしたら、友だちとも恋バナができるね。

そうなったら、おたがい幸せでいいね！　悩んだときも相談し合えるし。でも、そんな簡単に彼氏はできないよね。

スミレ

カノン

そうだよね。好きな人はできるかもしれないけど、その人が自分のことを好きになってくれるとは限らないし……。

まずは、好きな人ができたときのために、自分をみがいておくといいかもね。

スミレ

③ 食事をぬいてモデル体型になる

カノン

たまたまやせたら彼氏ができたって言う人がいたよ。やせているときれいに見えるのかな？　ダイエットしてみようかな？

↓

モデルもみんなやせているもんね。でも、お母さんが成長期にご飯をぬくのはよくないって言っていたよ。

↗

スミレ

カノン

わたしも言われたことがある。病気にでもなったらいやだよね。それにやせたら必ずモテるとは限らないし。

↓

そうだよねー。……でも、やっぱりちょっとダイエットしてみようかな？モデルみたいになれたら、うれしいもん。

スミレ

リンさんのとった行動は？

② あせらず自分をみがく

（好きな人もいない、彼氏もいない。
今のわたしにはこれだよ、これ！）
リンはテニス部の練習に、これまで以上に
はげむことにした。放課後はもちろん、自由参加の
朝練習や昼休みの練習にも出ることにしたのだ。
（これまではなんとなくやっていたけど、
一生懸命とり組んで、できるようになってくると
楽しい！　わたしは今、テニスに燃えている！）
友だちは友だち。わたしはわたし。好きな人は
無理につくるものじゃない。
テニスに打ちこむことで、
リンはそう思えるようになった。

周りの情報にとらわれず自分のペースでいい

　小学校高学年や中学生くらいになると、だれかを好きになったり、実際につき合ったりする人が出てきます。雑誌やインターネットなど、さまざまなメディアの情報をもとに、「中学生になったら好きな人がいるのは当たり前」のよ

うに考えてしまうかもしれませんが、人それぞれですから、あせる必要はありません。みんなとくらべて早いおそいなどと考えずに、自分のペースで歩んでいきましょう。

| 雑誌で恋愛の特集がされていた | アニメやマンガにあこがれる | 恋人がいるクラスメイトが多い | 姉に恋人ができた |

情報や環境にまどわされず、あせらなくてもいい

自分をほこれるようになれば、チャンスがきたときあせらない

　一生懸命打ちこめるなにかをもっている人は、周りから見て、とてもみりょく的です。また、自分には好きなことがあり、なにかをがんばっているという自信から、本人も毎日を楽しく過ごせていることでしょう。

　そういう君のみりょくに気づいて、好きになってくれる人が現れるはずです。その人が、君にとっても気になる人だったらいいですね。いつか、そういうチャンスがめぐってきたとき、自信をもってそのチャンスをつかむためにも、ふだんから自分みがきをしておくことが大切です。まずは自分のことを、見つめなおしてみましょう。

自分探しをする

自分の
いいところは？

苦手なことは
なんだろう？

自分みがきの例

- ・得意なことを伸ばす
- ・苦手なことに挑戦してみる
- ・いつも笑顔を心がける
- ・あいさつをちゃんとする
- ・清潔なファッションを心がける
- ・健康的な食事をとる

無理はしないこと！

「好きな人にふり向いてほしい」という理由から、無理をするのはよくありません。無理なダイエットをして一時的にモデル体型になっても、それは君のありのままの姿ではないので、ずっと無理をし続けることになります。ありのままの君を好きになってくれる人がいるはずですよ。

君ならどうする？

好きな人がいなくて、あせったことはある？

友だちに彼氏や彼女ができたとき、どう思った？

まとめ

好きな人ができたり、恋人ができたりするペースは人それぞれ。早いとかおそいとかはないので、あせらず自分みがきをしよう。

友だちと同じ人を好きになっちゃった!

ある日の放課後。
カノンとアイリが教室で話しているところへ
ソウスケが入ってきた。
たわいのない話をしつつも、
カノンは内心ドキドキしている。
(今、わたし、ソウスケくんとしゃべってる! うれしい〜)
カノンは前からソウスケのことを好きだったのだ。
数日後、アイリの言葉にカノンは耳をうたがった。
アイリ 「わたしね、実はソウスケのこと好きなの。
　　　　ナイショね!」
(うそ〜っ!! わたしの気持ちも
アイリちゃんに伝えたほうがいい?)
とっさのことにどうしていいかわからず、
カノンはただ立ちつくしていた。

考えよう！

自分の好きな人が、友だちの好きな人と同じということを知らされ、ショックを受けたカノン。どうしたらいい?

① アイリに正直に打ち明ける

リン

だまっていて、あとでわかったらうそをついていたことになるから、正直に自分も同じ人を好きだって言ったほうがいいと思うな。

② アイリに言わず、こっそりソウスケに近づく

友だちに好きな人をとられるかもしれないから、だまっていて先に近づいたほうがいいんじゃない? 友だちとは険悪になるかもしれないけど。

イブキ

③ ソウスケをあきらめる

スミレ

先に友だちに言われちゃったら、あきらめるしかないよね。つらいけど、友だちなら応援してあげるべきなんじゃない?

カノンさんのとった行動は？

③ ソウスケをあきらめる

カノン「そうだったんだ！　応援するよ〜」
気がつくと、カノンはそう口走っていた。
アイリ「そう言ってもらえると心強い！
　　　　　ありがとう。わたし、がんばるね」
その日から、アイリは積極的にソウスケ
に話しかけるようになった。
2人が仲よくしゃべっているのを見る
と、カノンの胸がギュッといたむ。
（これでいいんだ。アイリちゃんはかわ
いいし、明るくていい子だから、きっと
両想いになるよ。わたしの気持ちを言っ
たところで、アイリちゃんを困らせるだ
けだし……）
そう思いつつも、カノンはずっとモヤモ
ヤしていた。

どう行動したらよかった？

　恋愛には、これが正しいという答えは
ありません。また、自分だけでなく、好
きになった相手の気持ちもかかわる問題
です。
　もし、ソウスケさんがカノンさんを好
きだったら？　ここでは自分の気持ちを
おしこめたカノンさんですが、ソウスケ
さんから告白されたらどうでしょう。ア
イリさんの気持ちだけを大事にするの
が、本当によいことでしょうか。
　正解がないぶん、どんなふうになって
も自分がその結果を受け入れられるよ
う、よく考えて行動することが大切です。

恋愛はさまざまなことで思い悩むもの

アイリとけんか
したくない。

ソウスケは好きだ
けど、告白するほ
どじゃない。

ソウスケを
あきらめたくない。

告白するのは
恥ずかしい。

・どんな行動や結果が待っているか考えてみよう

カノンさんの場合を例として、恋愛でどんな結果になる可能性があるか見てみましょう。正解はないけど、どうするのがいいか、君もいっしょに考えてみてください。行動や結果、相手の反応なども、ここにあげた例以外に、いろんなパターンがあるはずです。

打ち明ける

打ち明けない

……

・おたがいはげまし合えた
「どっちがどうなるかわからないけど、おたがいがんばろう！」という雰囲気に。

・けんかになった
「えっ、好きな人がいるなんて言ってなかったじゃない」と、気まずい雰囲気に。

・アイリがあきらめた
「わたしはまだ、ちょっといいなって思ったぐらいだったから」と言われた。

・恋をあきらめた
アイリに苦しい思いをさせてまで、ソウスケを想い続けなくてもいいと、あきらめた。

・ひそかに想い続ける
「だれにも言わないで自分だけの秘密にしておくくらい、いいよね」と、想い続けた。

・なにもしない
特にこうしよう、ああしようとせず、なりゆきにまかせることにした。

どんな選択をしてもライバルをおとしめない

　恋愛には正解がありませんから、どんな選択をするのも君の自由です。でも、好きな人にライバルの悪い情報をふきこんだり、うそをついてぬけがけしたりするような、ひきょうなことはやめましょう。君のみりょくがなくなり、友だちも恋人もできなくなってしまいますよ。

してはいけないことの例

・ぬけがけして好きな人に近づく
・ライバルのいやな情報を流す
・急に冷たい態度をとる

アイリとの仲が深まった	ソウスケに別に好きな人がいた！　2人で失恋して、なぐさめ合ったら、アイリと仲よしになれた。
アイリとソウスケが急接近してヤキモチ	うらみっこなしって決めたのに、どうしてもモヤモヤしてしまった。
時間が経ったら仲なおりできた	「好きになるのは、しかたないもんね。おたがいがんばろうね！」という雰囲気になれた。
ほかの子と仲よくなった	アイリときょりができたために、今まで話したことのなかった子ととても仲よくなれた。
カノンもあきらめる	「自分だけ、ソウスケくんを好きでいるなんてできない」と、あきらめることにした。
あきらめずに想い続けた	アイリに悪いと思いつつも、そう簡単にあきらめることはできなかった。
アイリとより仲よしに	苦しいけど、アイリとさらに仲よしになった。
特に関係は変わらない	アイリともソウスケとも、関係は変わらないままでいられた。
そのうち恋もさめた	ソウスケのことを見ても、あまりドキドキしなくなった。気持ちがさめちゃったみたい。
あきらめきれずに、やはり打ち明けることにした	なにもしないつもりだったけど、やっぱり無理。「ソウスケくんのことが好き！」と、アイリに伝えた。

君ならどうする？

友だちと同じ人を好きになったことはある？

好きな人ができたとき、友だちに話したことはある？

君がカノンさんだったらどうしていた？

まとめ

恋愛に正解はないから、どうなっても自分が結果をしっかりと受け入れられるような選択をしよう。

27

しぐさ・行動でわかる
相手の気持ち

相手のしぐさや行動から、君のことをどう思っているのか読みとってみましょう。

しぐさや行動には気持ちが表れる？

だれかと話しているときは、会話の内容^{ないよう}だけでなく、しぐさや行動にも気持ちが表れます。つまり、相手のしぐさや行動に注目すると、相手が君をどう思っているか、読みとれる場合があります。ここでは、話をする・聞くときの相手の態度^{たいど}や、席^{せき}を選^{えら}ぶときの行動から読みとれることを紹介^{しょうかい}します。

● 体の向きに注目すると好意^{こうい}や関心^{かんしん}がわかる

相手のことを好^すきだったら、話の内容^{ないよう}にも興味^{きょうみ}がわいてくるものです。「もっとよく聞きたい」という気持ちから、自然^{しぜん}と体が相手のほうを向き、前のめりになっていきます。

では、あまり好きではない相手だったらどうでしょう。無意識^{むいしき}のうちに体の向きをそむけ、できるだけ相手ときょりをとろうとしてしまいます。このように、体の向きには相手への好意^{こうい}があるかどうかが自然^{しぜん}と表れています。

● 体が相手のほうを向く
相手に興味^{きょうみ}があるときは、体が自然^{しぜん}と相手のほうを向いている。

● 体が前にかたむく
相手に向けた体が前にかたむきがちなときは、相手に強い興味^{きょうみ}をいだいている。

● 体をそむける
相手に興味^{きょうみ}がなかったり、あまり好^すきでなかったり、恥^はずかしいときなども、自然^{しぜん}と体をそむけている。

● つま先が相手のほうを向く
つま先は、興味^{きょうみ}や関心^{かんしん}のあるほうを向く。相手に興味^{きょうみ}があるときは、つま先も自然^{しぜん}と相手のほうを向いている。

● つま先がドアのほうを向く
つま先がドア、つまり出入口のほうを向いているときは、早く部屋を出たいと思っていることがある。

参考資料：『イラストレート人間関係の心理学 [第2版]』（誠信書房／齊藤勇著）、『ゼロからはじめる! 心理学見るだけノート』（宝島社／齊藤勇監修）

● 好意があるときのしぐさ

相手が君に好意をもち、信頼してくれているかどうかは、話すときの姿勢やしぐさからも読みとることができます。信頼している相手の前では、体や手足がのびのびとしていて開放的な姿勢になります。

信頼している相手に見せる姿勢

● うでを広げる
両うでを広げると、胸やおなかなど体の重要な部分を相手に向けた状態になるので、相手に心をゆるしていると言える。

● 相手の顔を見る
顔がつねに相手のほうを向いていて、ときどき目を見ているときは、相手のことを信頼している。

● 足をゆったり広げている
足を組んだりきちんとそろえたりせず、適度に広げているときは、相手を信頼してリラックスしている。

● 手のひらを見せる
手の力がぬけていて、手のひらが上向きに開いている状態のときは、相手に対し安心している。

警戒している相手に見せる姿勢

● うでを組む
相手を信頼していないために、自分を強く見せようとしたり、自分を守ろうとしたりする気持ちが表れている。考えごとをしていることも。

● 顔をそらす
相手が話をしていても、顔をそらして目を見ようとしないときは、相手のことをきらっているかも。

● 足を組む
足を組むのは、不安な心をかくそうとするとき。話のとちゅうで何度も足を組みかえるのは、たいくつしている気持ちの表れということもある。

● 席の選び方で相手の心がわかる

6人がけくらいの大きなテーブルがあります。だれかと2人で話したり、作業をしたりするとき、まずは君が最初に座ります。そのあとに相手がどこに座るかで、相手の気持ちを読みとることができます。

角をはさんで座る

→楽しくおしゃべりしたい

ちょうどよいきょりを保ち、リラックスして君と話したいと思っている。相手は君と、もっと仲よくなりたいのかも。

となりに座る

→ふれ合ってもかまわない

となりで作業をしていると、うでがふれ合うこともある。それくらいきょりが近くてもいいと思えるほど、相手は君に親しみをもっている。

向かい合って座る

→まじめに話したい

少しきょりをとりつつも、向き合って話をしたいと思っている。親しい仲なら、まじめな話をしたがっている可能性も。

対角線に座る

→そんなに話したくない

相手が話しづらい場所に座ったときは、君とはあまり話したくないのかも。また、恥ずかしいとか、自分の作業に集中したくて、あえてこうすることもある。

※ここで紹介したのは一般的な例で、環境や人によっては当てはまらない場合もあります。ひとつの目安として考えてみてくださいね。

女友だちから「女の子が好き」と相談された

昨日のテレビ見た？
デビッドくん、
かっこよかったよねー！

衣装とかも
よかったー！

きゃっ

きゃっ

……

Aさん、
元気ないね？

えっ……？

大丈夫？
だれかにいやなこと
とか言われた？

うるっ……

アイリ……
ありがとう

あのね……
変だって
思われるかも
しれないけど、

わたし、男の子じゃなくて
女の子が好きなの

！

だから、みんなと
いっしょに好きな
男性アイドルの話で
盛り上がれなくて……

なによりわたしが
女の子が好きって
知られたら

気持ち悪いって
思われそうで
こわいの……

なんて声をかけたら
いいんだろう……

 考えよう！　女の子に「男の子でなく女の子が好き」と打ち明けられて、反応にとまどったアイリ。なんて言えばいい？

① 「そうなんだ」と受け入れる

スミレ：こういうとき、あんまり大げさにおどろかれると、相手がつらくなりそうだよね。

リン：うん。本人だってきっと、言いづらいことだと思うから、さりげない感じで受け入れるのがいいんじゃないかな。

スミレ：そうだよね。否定しないで、ただ「そうなんだ」って言うだけでもいいのかも。

リン：うん。そんなふうに受け入れてあげたいね。

② 「レズなんだ（笑）」とからかう

アオト：うーん、あんまり気をつかいすぎると、特別あつかいしているみたいで、よくないんじゃないかな。

イブキ：じゃあ、なんて言うの？「レズなんだ（笑）」とか？

アオト：そうだよね。そんな感じで、軽くからかうようなノリで言ったら、その場の雰囲気も悪くならないかも。

イブキ：でも、その言い方だと相手が傷つく場合もあるんじゃないかな？　そういった言い方は、やめたほうがいいと思うな。

③ 「え〜っ!!　信じられない！」とおどろく

アオト：「レズ」っていう言い方は、差別的なのかな？　じゃあ、そういうふうに言うのはよくないね。

イブキ：そうそう。だから、言わないほうがいいと思う。別に悪いことしているわけじゃないんだから。

アオト：でも、おどろいちゃうよね。つい、大声を出しちゃいそう。

イブキ：それが正直な気持ちだとしても、相手の気持ちをよく考えて、さわぎたててはいけないと思うよ。

アイリさんのとった行動は？

① 「そうなんだ」と受け入れる

アイリはAさんの目を見てうなずきながら、「そうなんだ」とだけ言った。
Aさんの顔に、ホッとしたような表情がうかぶ。
（打ち明けてどんな反応をされるか、こわかったんだろうな……。受け入れることくらいしかできないけど、これでよかったみたい）

その日の夜。
アイリはふとAさんのことを思い出して、考えをめぐらせた。
（だれがだれを好きになったっていいはず。なのに、同性の人を好きになると、気持ち悪いって思われたり、おもしろがられたりしてしまう。それって、なんだかヘンだな）

そうなんだ

否定するなど相手のいやがる態度はとらない

君が同性を好きになったことがないとしても、同性を好きになる人のことを否定するのはどうでしょうか。「好き」だと思う感情は人それぞれですから、「信じられない！」のような否定的なことは言わないようにしましょう。
最近は、同性が好きということを周囲に打ち明ける人も増えてきましたが、まだまだ言えずにいる人が多いと言えます。相手は君のことを信用して、勇気を出して、やっとの思いで打ち明けてくれたはず。その思いを大事にしてあげましょう。

性の多様性を知り否定的にならないようにしよう

性別についての考えが、世界的な規模で大きく変わりつつあります。以前は男性、女性という区別にしばられていましたが、体の性と心の性の両方に向き合うことで、さまざまな性のとらえ方が広まっています。

↓

体と性別について p.34 を見よう！

まとめ だれを好きになるかは人それぞれ。同じ性の人を好きになる人もいる。
自分とはちがっていても、否定せずに受け入れよう。

君ならどうする？

同性の人を好きになったことがある？

友だちに同性愛者がいる？

君がアイリさんだったらどうしていた？

こんな場合はどうする？

「親せきの集まりで、いとこのお姉さんが『女は早く結婚して子どもを産め』と言われていた」

結婚式や法事などで親せきが集まると、めったに会わないおじさん、おばさんなどがこういうことを言うときがあります。親せきの子の将来を心配しているだけかもしれませんが、結婚するかどうか、子どもを産むかどうかは本人の自由ですから、言っている側に悪意がなくても、言われた側がいやな思いをすればハラスメント（いやがらせ）になります。

セクハラ

セクシャルハラスメント
勝手に体にさわったり、性的な内容でからかったりすること。スカートめくりや、髪の毛を勝手にさわることもセクハラになる。

例 「女なんだからミニスカートはきなよ」

マリハラ

マリッジハラスメント
結婚していない人に対し、結婚の予定や交際相手がいるかどうかをたずねること。

例 「そろそろ結婚しないと、売れ残るよ」
「恋人いないの？　早くつくりなよ」

マタハラ

マタニティハラスメント
働く女性が妊娠や出産したときに、いやがらせをしたり、休みをとらせないようにしたりすること。退職に追いやることもある。男性の場合、育児休暇を認めないことも。

例 「休みが多くなると、仕事に支障が出て困るな」
「男が育児休暇をとるのはおかしい」

体と性別のいろいろ

「男」と「女」という性別や、異性を好きになることに対して、
最近ではさまざまなあり方が尊重されるようになってきています。

. . . .

好きになる人は異性とは限らない

男性が好きになるのは女性、女性が好きになるのは男性、というように決めつけてはいませんか。男性を好きになる男性もいれば、女性を好きになる女性もいます。中には、両方を好きになる人もいます。このような人々の割合は、異性を好きになる人にくらべて少ないため、「セクシャルマイノリティ（性的少数者）」と呼ばれることがあります。

セクシャルマイノリティの人を表す言葉のひとつとして、レズビアン、ゲイ、バイセクシャル、トランスジェンダー、自分の好きになる性や心の性のあり方がわからない・決まっていない人（クエスチョニング）の頭文字をとった LGBTQ や、LGBTQIA などがあります。

L	：レズビアン（Lesbian）	自分を女性だと思っていて、好きになるのが女性
G	：ゲイ（Gay）	自分を男性だと思っていて、好きになるのが男性
B	：バイセクシャル（Bisexual）	好きになるのが男性の場合も、女性の場合もある人
T	：トランスジェンダー（Transgender）	心の性と体の性が同じでない人
Q	：クエスチョニング（Questioning）	自分の好きになる性や心の性がわからない、決まっていない、決めようとしていない、考え中である人

性別のとらえ方も人それぞれ

恋愛でどのような性別の人を好きになるかということを、「性的指向」（p.35）と言います。また、自分の性をどうとらえているかを「心の性（性自認とも）」と言います。この心の性と体のもともとの性とが一致せずに、違和感をもつ人もいるのです。たとえば体の性は男性として生まれても、心の性は女性なので、女性として振る舞う人もいます。最近では、性別に対して幅広い受け入れ方をできることが求められています。

性的指向	と	性自認
（好きになる性）	=	（心の性）

Sexual Orientation and Gender Identity

⇓

SOGI

「性的指向と性自認」を英語表記にして、その頭文字をつなげた言葉。「SOGI」と呼びます。LGBTQの人もふくめた、すべての性の要素を指す言葉で、性の多様性を表すときに使われます。

性的指向って？

英語でSexual Orientation（セクシャルオリエンテーション）。恋愛感情や性的な関心が、どのような性別の相手に向けられているかということ。異性愛、同性愛、両性愛などさまざまな形があります。

性自認って？

英語でGender Identity（ジェンダーアイデンティティー）。自分の性を、どのように認識しているかということ。体の性と一致しない人（トランスジェンダー）もいて、多様性があります。

● セクシャルマイノリティの人がかかえる悩み

セクシャルマイノリティの人は、周りからの反応におびえて、だれにも打ち明けられずに悩んでいる場合も多いものです。ひとりで悩まずに、相談窓口に相談するという方法もあります。

「気持ち悪い」って思われたくない。

笑われたくない。

受け入れてもらえない。

友だちと話が合わない。

だれにも言えない。

性の問題で悩んでいたら…… 子どもの人権110番 0120-007-110

お悩み 7 近所に目の不自由な人がいて気になる

アオトは、通学中に出会う男性のことが気になっている。
白いつえをついていて、どうやら目が見えないようだ。
通学中、その人を見かけると、
ついチラチラ目で追ってしまう。
ある朝、ゆっくり歩くその人のことを
追いこそうとしたとき、
たまたまその人が転んでしまった。
しかも、つえが少しはなれたところまで飛んでしまい、
その人は困っているようだった。
近くにいるのはアオトだけ。
（どうしよう。こっちは毎日見ているけど、
知り合いじゃないし。勝手につえを
拾ったらよくないかな？）

 考えよう！ 目の不自由な人が困っているところにいあわせたアオト。どうしたらいい？

① **つえを手わたす**
知り合いじゃなくても、拾ってわたしてあげたほうがいいよね。その人が自分で探そうとしたらあぶないよ。

リン

② **気づかないふり**
相手には見えてないんだから、気づかないふりをして立ちさったほうがいいんじゃないかな？ 通りがかった大人がなんとかしてくれると思うよ。

イブキ

③ **人を呼ぶ**
どうしたらいいかわからないときは、そのまま立ちさるんじゃなくて、大人を呼んできたらいいんじゃないかな？

ソウスケ

36

アオトさんのとった行動は？

つえを手わたす

アオトが迷っているうちにも、その人はひざをついたまま、手を伸ばしてつえを探している。

（早く、わたしてあげなきゃ！）

アオトはつえを拾い、「どうぞ」と声をかけながら、男性の手もとにつえを近づけた。

男性「ああ、ありがとうございます。助かりました」

男性は自分で立ち上がり、何度も「ありがとう」と言いながら、歩き出した。

（やっぱり困っていたよな。役に立てたみたいでよかった……）

アオトは、ホッとすると同時に、勇気を出してよかったと思った。

探しているのは、このつえですか？

「やってあげる」ではなく、じゃましない手助けを

目の不自由な人や車いすの人がいて、困っているような様子だったら、どうしますか？　こんなときは、「なにかできることはありますか？」と声をかけましょう。

なにかに苦戦しているように見えても、少し時間をかければ自分でできる場合もあります。また、手助けが必要だとしても、子どもだけではできない場合もあるでしょう。子どもが無理をして、かえってけがをさせてしまうこともあるので、自分にできることがあるかどうか、よく考えて、わからないときは相手に聞いてから、行動するべきです。よかれと思って「やってあげた」ことが、めいわくになる場合もありますから、まずは声をかけてみましょう。

君ならどうする？

体の不自由な人が困っているのを見かけたことがある？

君がアオトさんならどうしていた？

まとめ

体の不自由な人が困っていそうなときは、相手のじゃまをしない範囲で手助けすること。どうしたらいいかわからないときは、相手に声をかけて手助けしてもいいか聞こう。

障害とバリアフリー

目の不自由な人や車いすの人など、さまざまな障害や、
そういった人たちのための施設を知っておきましょう。

さまざまな障害がある

　障害をもった人たちが社会に参加するうえで、かべとなるものをとりはらうことを、バリアフリーといいます。さまざまな障害の種類や、バリアフリーについて知りましょう。

視覚障害

　目で見ることが全くできなかったり、少し見えても生活するのに不自由だったりする障害。生まれつきの場合と、病気や事故が原因の場合がある。移動するときは、白杖という白いつえを使ったり盲導犬を連れている。

聴覚障害

　耳で聞くことが全くできなかったり、少し聞こえていても生活するのに不自由だったりする障害。聴覚障害をもっている人の中には、耳が聞こえなくても話すことができる場合もある。

肢体不自由

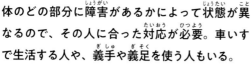

　病気やけがなどが原因で、うで、足、胴体に障害があること。生まれつき、手や足などがない人もいる。体のどの部分に障害があるかによって状態が異なるので、その人に合った対応が必要。車いすで生活する人や、義手や義足を使う人もいる。

内部障害

　体の内部の機能に障害があり、見た目にはわからない場合が多い。心臓機能障害、呼吸器機能障害、腎臓機能障害、膀胱・直腸機能障害、ヒト免疫不全ウイルス（HIV）、小腸機能障害、肝臓機能障害の7種類がある。

街中にある障害者のための"バリアフリー"

　バリアフリーの「バリア」とは、障壁（かべ）という意味。障害のある人が社会の中で生活しようとすると、さまざまな「バリア」にぶつかります。たとえば、段差や階段、座ったままでは届かないボタンのような物理的なバリア、学校の入試や就職などで障害があるために機会を制限される制度的なバリアなどがあり、これらをとりはらうことをバリアフリーといいます。

心のバリアをもたないように知識を深めよう

　障害についての十分な知識がないために、かたよった見方をしたり、差別的な考え方をしたりする人がいます。これらは心の「バリア」にあたります。障害のある人たちを「かわいそうだ」と決めつけるのは、その人たちが生き生きと過ごしていることを知らないから。正しい知識を身につけ、相手のことを理解して、心のバリアをなくしていきましょう。

お悩み8 下校中、知らない人に声をかけられた

委員会のあと教室でおしゃべりしていたら、もう日がくれはじめている。
急ぎ足で帰るスミレ。そこへ、1台の車が近づいてきた。
「あのー、そこの君、ちょっといいかな？　道に迷っちゃって」
ふり返ると、男の人が車の窓からこっちを見ている。手に地図をかかげていた。
男の人　「ここに行きたいんだけど、ナビがこわれちゃって。〇〇公園ってところ。すぐ近くだと思うんだけど」
それはスミレもよく知っている場所だった。
男の人　「悪いけど、車に乗って案内してくれない？」
男性は、車の中からスミレを手招きした。

 考えよう！ ひとりで下校しているとちゅう、知らない男の人から車に乗って道を案内してほしいとたのまれたスミレ。どうしたらいい？

① 車に乗って道を教える
アオト：すぐ近くだったら、別にいいんじゃない？困っているみたいだから、車に乗って、道を教えてあげたらいいよ。

② 「ほかの人に聞いてください」とはなれる
カノン：車に乗ったとたん、どこかに連れさられるかもしれないよ。あぶないから、かかわらないほうがいいよ。

③ 地図だけ見ようと近づく
アイリ：知らない人の車に乗るのはこわいけど、困っているだけかもしれないから、地図を見て、道だけ教えてあげればいいんじゃない？

スミレさんのとった行動は？

② 「ほかの人に聞いてください」とはなれる

（知らない人の車に乗るなんてこわい。
悪い人かもしれないし）
スミレは「わたしもよくわからないので、
ほかの人に聞いてください」と言うと、
人通りの多い明るい道まで走った。
次の日、ホームルームで先生からこんな話を聞いた。

先生　「昨日(きのう)、下校とちゅうの子どもに、車の中か
　　　ら声をかける男がいて、となりの中学校の生
　　　徒(と)が、無理(むり)やり車に乗せられそうになりまし
　　　た。
　　　たまたま人が通りかかって無事(ぶじ)でしたが、
　　　みなさんも気をつけてください」
（あの人だ！）スミレは、背(せ)すじが
冷(つめ)たくなるのを感じた。

犯罪(はんざい)から身を守るために気をつけたいこと

　学校やじゅく、習い事から帰るとき
や、公園や図書館にいるときなど、ひ
とりで外にいるときに、知らない大人
に声をかけられたことはありません
か。
　相手がどんなことを言ってきても、
長々(ながなが)と話を聞いたり、ついていったり
しないようにしましょう。相手の見た
目がこわそうでなくても、悪い人でな
いとは限(かぎ)りません。また、たとえ知り
合いだったとしても、おうちの人に許(きょ)
可(か)をもらっていないのだったら、つい
ていくのはやめておきましょう。

外にいるときに気をつける5つの約束(やくそく)ごと

「いかのおすし」

いか ついていかない
「いやです」「行きません」とはっきりことわる。

の 車にのらない
知り合いでも、おうちの人に許可(きょか)をもらっていなかったら乗らない。

お おおごえを出す
しつこく声をかけてきたら「助けて！」と大声を出そう。防犯(ぼうはん)ブザーを鳴らしてもいいね。

す すぐにげる
交番、子ども110番の家（→ p.41）、コンビニエンスストアなど、大人の人がいるところへにげよう。

し 大人にしらせる
「こわいな」と思うことがあったら、できるだけ早めに家の人や学校の先生に知らせよう。

・危険な場所を知っておこう・

木やへい、たてものにさえぎられて周りから見えにくいところには、思わぬ危険がひそんでいます。そういうところにはできるだけ行かないようにしましょう。

駐車場

木の多い公園

公園のトイレ

川の土手

高いへいのある道

マップ内の危険な場所

●駐車場
車のかげにかくれていた人が現れて、後ろからおそわれることも。屋内や地下にある自転車置き場にも注意。

●高いへいのある道
すぐそこに家があっても、へいが高いために見えず、なにかあっても周りからは気づいてもらえない。

●木の多い公園
公園の木のかげに無理やり連れこまれることも。周りからは見えにくいので、助けを呼びにくい。

●公園のトイレ
公園のトイレの個室に連れこまれ、かぎをかけられてしまうと、周りからは気づいてもらえない。

●川の土手
明かりが少なく、人通りがないところは、後ろからおそわれることも。わきにそれるにげ道が少ないので注意。

子ども110番の家をチェックしておこう
知らない人に追いかけられるなど、困ったことがあったときにかけこめる場所。子どもを保護し、警察へ通報したり、学校や家庭に連絡したりしてくれる。

君ならどうする?

知らない人に声をかけられたことはある?

知らない人に声をかけられたら、どうするべきか知っていた?

君がスミレさんだったらどうしていた?

まとめ

相手になんと言われても、知らない人についていくのは危険だからやめておこう。本当に困っているだけだったら、大人がいるところに行って聞けばいいのだから、君が気にする必要はないんだよ。

お悩み 9 お父さんとお母さんがけんかをしていて、どうしたらいいかわからない

アオトの家は、共働きの両親とアオトの3人家族。
最近、両親がしょっちゅうけんかを
するようになった。
今日も夕食後、家事の分担について
言い争いを始めている。
テレビを見ているアオトの後ろで、
2人のバトルがどんどんヒートアップしていく。
(いごこち悪いよ。テレビに集中できないし。
自分の部屋にもどろうかな)
そんなアオトの気も知らず、
言い争いはまだまだおさまりそうにない。
(こんなにはげしいけんか、今までなかったかも。
まさか、リコンなんてしないよね?)

考えよう！

どんどんヒートアップする両親のけんか。どうしたらいいかわからず、心配しているアオト。どうしたらいい?

① そのまま同じ部屋にいて、がまんする

カノン

そのまま同じ部屋にいたら、アオトくんの気持ちに気づいてくれるかもしれない。そしたら、けんかをやめてくれるんじゃないかな?

② 自分の部屋にもどる

ソウスケ

だまってがまんしているのって、とってもつらいよね。自分の部屋へ行ったほうがいいんじゃない?

③ とめに入ってみる

アイリ

「けんかをやめてよ」って言いながら、2人の間に入ってみたら。2人とも冷静になれると思うよ。それとも「口を出すな」って、おこられるかな?

アオトさんのとった行動は？

② 自分の部屋にもどる

（こんな言い争い、聞いていたくない！）
アオトは立ち上がり、自分の部屋へと向かう。部屋に入ってとびらをしめたら、二人の声が急に遠くなった。

（あーあ。こんなの、いつまで続くんだろう。毎回にげないといけないのかなぁ……）
アオトはぎゅっと、くちびるをかみしめた。

「聞きたくない」と伝えるか、ほかの家族に相談しよう

　両親のけんかが始まってしまったら、君がたえて聞いている必要はありません。まずは自分のつらい気持ちを大事にして、その場からはなれたほうがいいでしょう。

　そして、両親が冷静でいるときに、ああいうけんかを聞くのはつらいと、正直な気持ちを伝えます。それでもけんかが続くときは、両親の父母（おじいちゃんやおばあちゃん）に相談してみましょう。

2人のけんかは見たくないんだ。

君ならどうする？

親がけんかしていてつらかったことはある？

もしとめに入るなら、なんて言って声をかける？

君がアオトさんならどうしていた？

まとめ

けんかをしている場にいるのがつらいときは、別の部屋へ行くなど、少しはなれたほうがいい。
そして、両親が冷静なときに、つらい気持ちを伝えよう。

お悩み 10 友だちが親に暴力をふるわれているみたい

次は体育の授業。イブキはみんなと
教室で着がえていた。
何気なく横を見たとき、
Aくんのおなかが目に入る。
むらさき色のあざのようなものがあり、
くぎづけになってしまった。
イブキの視線に気がついたのか、
Aくんは急いで体操服を着こむ。
（なんだ、あれ？）
そういえば、ほかにも気になることがあった。
Aくんの体操服はいつもよごれたままだし、
何日か連続で同じ服を着ていることもある。
おべんとうの日に、持ってきていないこともあった。
（まさか、これって虐待ってこと？）

 考えよう！ Aくんが、親に虐待されているかもしれないと思ったイブキ。助け
てあげたいけど、どうしたらいい？

①  **本人に聞いてみる**

ソウスケ

ほかに人がいないところで、本人に
聞いてみたらどうかな？　案外、聞
いてほしいって思っているかも。

②  **見てみぬふり**

でも、視線に気づいてかくしたんだよね。だっ
たら、知られたくないんじゃないかな？
そっとしておいたほうがいいんじゃない？

リン

③ **先生に相談する**

アオト

本人は話したくないかもしれないけど、本当に虐待
だったら、ひどくなって命にかかわるかもしれない。
先生に相談するのがいいと思う。

44

イブキさんのとった行動は？

 ③ 先生に相談する

イブキはよく考えて、先生に相談することにした。
「そう。実は先生も気になっていたんだけど、あざがあるとは知らなかったわ。教えてくれてありがとう」
その後、先生はAくんの親と話す機会をつくっていた。

●「虐待」とは？

　子どもに対する「虐待」とは、暴力をふるったり、保護者としてすべきことをしなかったりするような、ひどい仕打ちのことです。暴力をふるって体を傷つける身体的虐待、子どもに性的なことをしたりさせたりする性的虐待、食事や清潔な衣服をあたえないネグレクト、家族内での差別や言葉によっておどすなどの心理的虐待があります。

虐待の例

・なぐる、ける、やけどを負わせる
・食事をあたえない
・不潔な状態にしておく
・車の中や家に閉じこめる
・病気になっても病院へ連れていかない
・兄弟の間で差別をする
・目の前で別の家族に暴力をふるう
・性的な目的で体をさわる
・大声でおどす

● もし今、虐待で悩んでいたら……

児童相談所 虐待対応ダイヤル	24時間子供 SOSダイヤル	都道府県警察の少年相談窓口
189	0120-0-78310	https://www.npa.go.jp/ bureau/safetylife/ syonen/soudan.html

君ならどうする？

虐待について、聞いたことはある？

友だちや君自身が、虐待されていたことはある？

君がイブキさんだったら、どうしていた？

まとめ

虐待は、絶対にゆるされないこと。虐待されている子は、自分が悪いんだと思って表に出そうとしないことがある。言いたくない気持ちも大事だけど、命が危険にさらされることがあるから、気づいたときは身近な大人に相談しよう。

お母さん
昨日はごめん

なんかイライラ
しちゃって……

そうだったの

アイリとスミレの家
お姉ちゃん
なに読んでるの？

LGBTQ
とは？

人間って本当に
いろいろなんだって
もっと知りたくて

へぇ～

アイリ、スミレ
おやつよ。
プリンつくったの

はーい

休み時間

カノン、
なに読んでるの？

恋愛小説！
最近はまってて
たくさん読んでるの

じゃんっ

恋してる

夢中になれる
ことができて

ソウスケくんのこと
気にならなく
なってきたかも

おもしろそう
いつか恋をしたときに
役に立つかな？

読んだら貸して！
わたしも
読んでみたい！

うん！

放課後

せんせー
さよーならー

ドキッ

せ、先生
さようなら！

ああ、
さようなら

ニカッ

そっかー
よかったね！

コッ
コッ

今の声は

助けてくれた
あの子かな

最近、山田先生が
こわくなくなってきたよ

さくいん

監修

伊藤美奈子（いとう みなこ）

1960 年大阪府生まれ。京都大学文学部を卒業後、高校教師となる。6 年間教師を続けた後、京都大学大学院教育学研究科修士課程に入学。その後、同博士課程修了。南山大学文学部講師、お茶の水女子大学助教授、慶應義塾大学教職課程センター教授を経て、奈良女子大学大学院教授。

参考文献

『イラストレート人間関係の心理学［第 2 版］』（誠信書房／齊藤勇著）
『ゼロからはじめる！心理学見るだけノート』（宝島社／齊藤勇監修）
『みんなのバリアフリー（2）障害のある人が困っていることを知ろう』（あかね書房／徳田克己監修）
『身近な危険 そのときどうする？（防災・防犯シミュレーション）』（ほるぷ出版／国崎信江監修）
「LGBT について考えよう」（法務省ウェブサイト）
「知っていますか？街の中のバリアフリーと『心のバリアフリー』」（政府広報オンラインウェブサイト）

カバーイラスト　藤本たみこ
イラスト　　　　田伊りょうき
デザイン　　　　別府拓（Q.design）
DTP　　　　　　茂呂田剛（M&K）
執筆　　　　　　たかはしみか
編集　　　　　　永渕美加子（株式会社スリーシーズン）
校正　　　　　　夢の本棚社

新・心が元気になる本③
家族にムカムカ、どうして？
～家族・性・恋愛の悩み～

2022 年 4 月初版　2023 年 11 月第 2 刷

監　修　伊藤美奈子
発行者　岡本光晴
発行所　株式会社あかね書房
　　　　〒101-0065　東京都千代田区西神田 3－2－1
　　　　電話 03-3263-0641（営業）　03-3263-0644（編集）
印刷所　株式会社精興社
製本所　株式会社難波製本

ISBN978-4-251-06619-0
©3Season／2022／Printed in Japan
落丁本・乱丁本はおとりかえします。
https://www.akaneshobo.co.jp

NDC　146
伊藤美奈子
新・心が元気になる本③
家族にムカムカ、どうして？
～家族・性・恋愛の悩み～
あかね書房　2022　48p　31×22cm

新 心が元気に なる本

監修／伊藤美奈子　　NDC146